… adopté par les Maisons d'Éducation de la …

ÉTUDES

DE

SOLFÈGE

En Clé de SOL

PAR

B.-M. COLOMER

1

EN DEUX LIVRES :

PREMIER LIVRE *avec accompagnement* de piano	Net.	2 Francs.
PREMIER LIVRE *sans accompagnement* de piano	Net.	» 75 c.
DEUXIÈME LIVRE *avec accompagnement* de piano	Net.	3 Francs.
DEUXIÈME LIVRE *sans accompagnement* de piano	Net.	1 Franc.

PARIS
AU MÉNESTREL, 2bis, rue Vivienne, HEUGEL & Cie
ÉDITEURS DES SOLFÈGES ET MÉTHODES DU CONSERVATOIRE

1899

ÉTUDES DE SOLFÈGE

A Monsieur THÉODORE DUBOIS

DIRECTEUR DU CONSERVATOIRE NATIONAL DE MUSIQUE ET DE DÉCLAMATION

MEMBRE DE L'INSTITUT

ÉTUDES

DE

SOLFÈGE

En Clé de SOL

(INTONATIONS ET RYTHMES)

PAR

B.-M. COLOMER

EN DEUX LIVRES :

PREMIER LIVRE : Leçons en *ut* majeur et *la* mineur.

PREMIÈRE SÉRIE : Intonations.

DEUXIÈME SÉRIE : Altérations et transformations des valeurs.

Ce premier livre *avec accompt* de piano, net : 2 fr. — *Sans accompt* net : 0 75 c.

DEUXIÈME LIVRE : Tonalités diverses et mesures composées.

PREMIÈRE SÉRIE : Tonalités diverses.

DEUXIÈME SÉRIE : Mesures simples et composées; Virtuosité.

Ce deuxième livre *avec accompt* de piano, net : 3 fr. — *Sans accompt* net : 1 fr.

PARIS

AU MÉNESTREL, 2bis, rue Vivienne, HEUGEL & Cie

ÉDITEURS DES SOLFÈGES ET MÉTHODES DU CONSERVATOIRE

Le but de cet ouvrage est de condenser les difficultés du Solfége en clé de sol et de les présenter avec un ordre méthodique nouveau, une classification progressive au point de vue des intervalles mélodiques et des combinaisons rythmiques, avec surtout un caractére essentiellement musical donné même aux exercices élémentaires.

Guider dès les premières études l'instinct musical de l'élève en le faisant progresser sans effort et sans ennui.

B.-M. COLOMER.

Paris, le 1er Décembre 1898.

Mon cher Colomer,

J'ai parcouru les Études de Solfège en Clé de Sol dont vous voulez bien m'offrir la dédicace. Je vous félicite de l'ordre et de la méthode que vous avez apportés dans ce travail. Il est difficile de faire un bon solfège après tous ceux qui existent; il est difficile d'intéresser à la fois les élèves et les musiciens; vous avez réussi. Votre ouvrage passe en revue toutes les matières, toutes les difficultés: il est bien progressif et reste toujours musical.

Croyez, mon cher Colomer, à mes meilleurs sentiments.

TH. DUBOIS

TABLE

PREMIER LIVRE

1re Série

INTONATION

DEUXIÈME LIVRE

3e Série

IMPRIMERIE CHAIX, RUE BERGÈRE, 20, PARIS. — 10728-4-99. — (Encre Lorilleux).

Etudes de Solfège
en clé de sol

PAR

B. M. COLOMER.

INTONATIONS.		RHYTHMES.
1ER LIVRE		1ER LIVRE
Leçons en UT majeur.		*Leçons en LA mineur.*
1re SÉRIE.		1re SÉRIE.

Nº 1.

$\frac{2}{4}$

Mesure simple à 2 temps.
(Blanches & Noires.)

Mouvement conjoint.

Intonation de la Quinte.

Intonation de la Sixte.

Intonation de la Septième.

Intonation de l'Octave.

Mesure simple à 4 temps.

(Rondes, Blanches & Noires.)

Mouvement conjoint.

p

Intonation de la Quarte.

All° moderato.

CHANT.

p

10.

PIANO.

mf

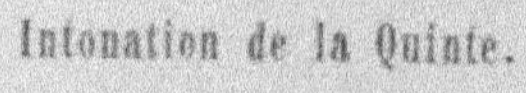

Intonation de la Quinte.

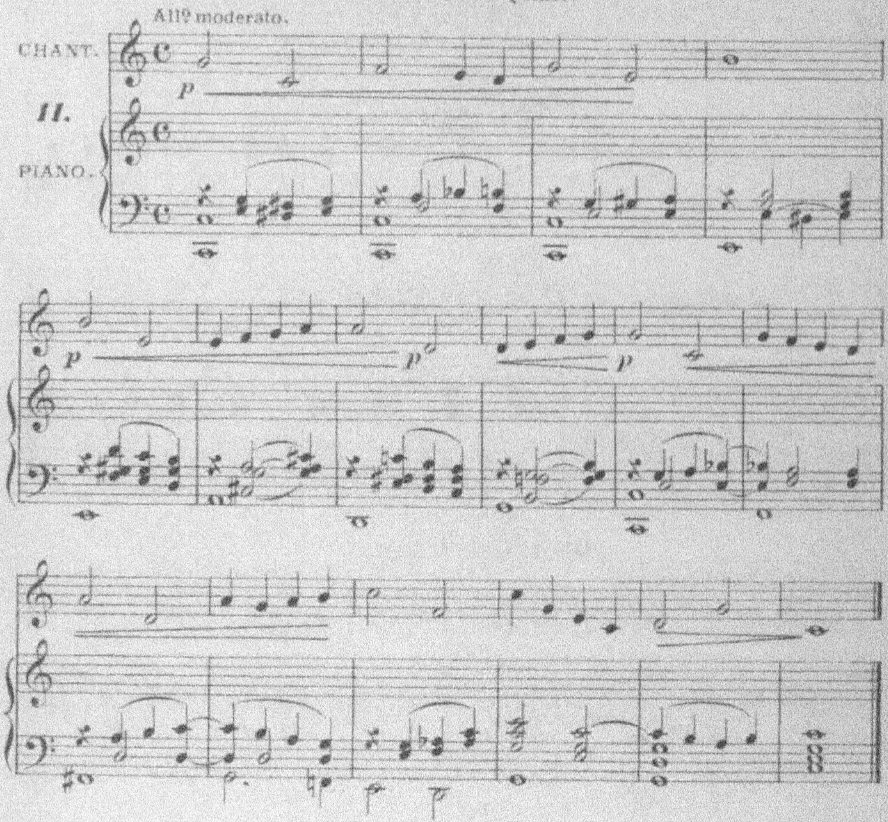
Allº moderato.
CHANT.
11.
PIANO.
p
p
p
p

Intonation de la Sixte.

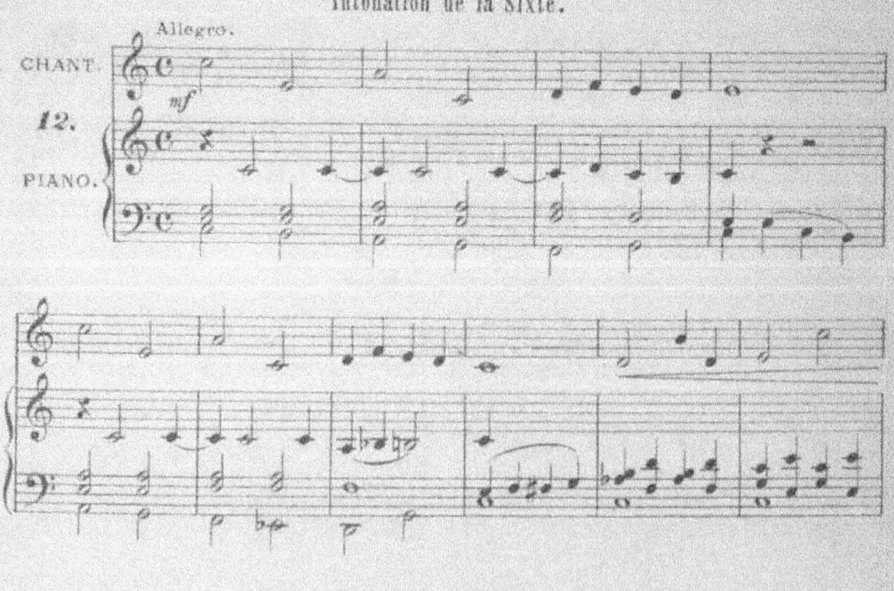
Allegro.
CHANT.
mf
12.
PIANO.

Intonation de la Septième.

Moderato.

CHANT.

13.

PIANO.

f

mf

f

Intonation de l'Octave.

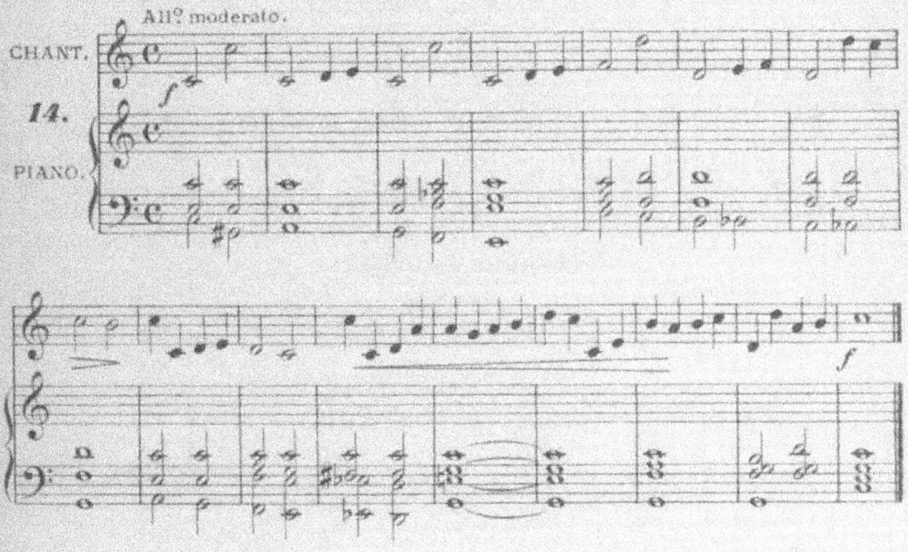

All° moderato.

CHANT.

14.

PIANO.

f

f

Mesure simple à 3 temps.

(Blanches, Noires & Soupirs.)

Mouvement conjoint.

Allegro.

CHANT.

15.

PIANO.

p

Intonation de la Tierce.

Moderato.

CHANT.

16.

PIANO.

mf

Intonation de la Quarte.
Moderato.
CHANT.
17.
PIANO.

Intonation de la Quinte.

Intonation de la Septième.

Moderato.

CHANT.

20.

PIANO.

p

Intonation de l'Octave.

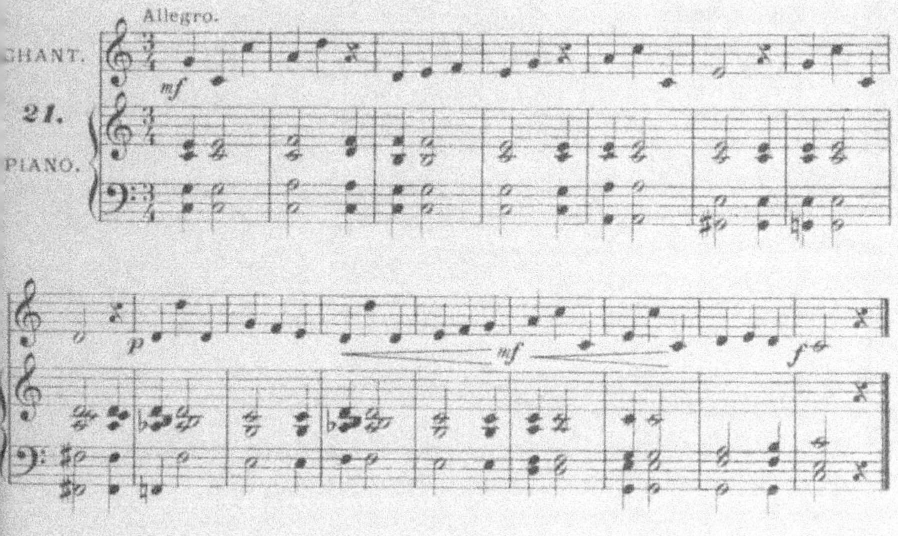

Allegro.

CHANT.

21.

PIANO.

mf

p *mf* *f*

$\frac{2}{4}$

Mesure simple à 2 temps.

(Blanches, Noires, Croches & Soupirs.)

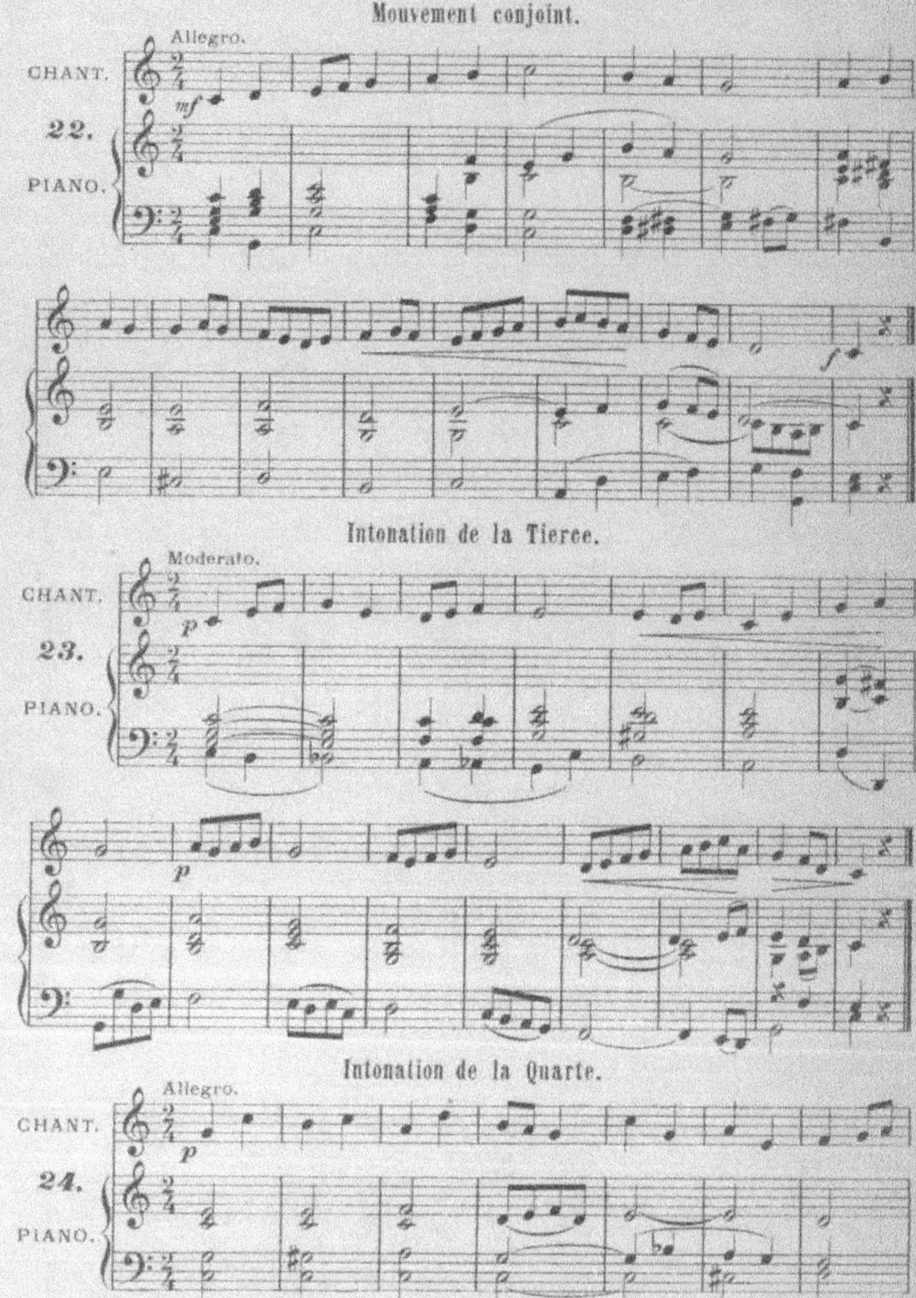

Intonation de la Quinte.
Moderato.
CHANT.
25.
PIANO.
Intonation de la Sixte.
Moderato.
CHANT.
26.
PIANO.

Intonation de la Septième.
Andte moderato.
CHANT.
27.
PIANO.
Intonation de l'Octave.
Allegro.
CHANT.
28.
PIANO.

C

Mesure simple à 4 temps.

(Blanches, Noires, Croches & Demi-pauses.)

Mouvement conjoint.

Intonation de la Tierce.

Intonation de la Quarte.

p
pp
Intonation de la Quinte.
Allegro.
CHANT.
mf
p
32.
PIANO.
mf
p

Intonation de la Sixte.

Intonation de l'Octave.
Allegro.
CHANT.
35.
PIANO.
f
p
mf
f
p

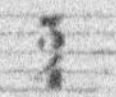

Mesure simple à 3 temps.

(Blanches, Noires, Croches & Soupirs.)

Mouvement conjoint.

Allº moderato.

CHANT.

36.

PIANO.

p

p

p

Intonation de la Tierce.

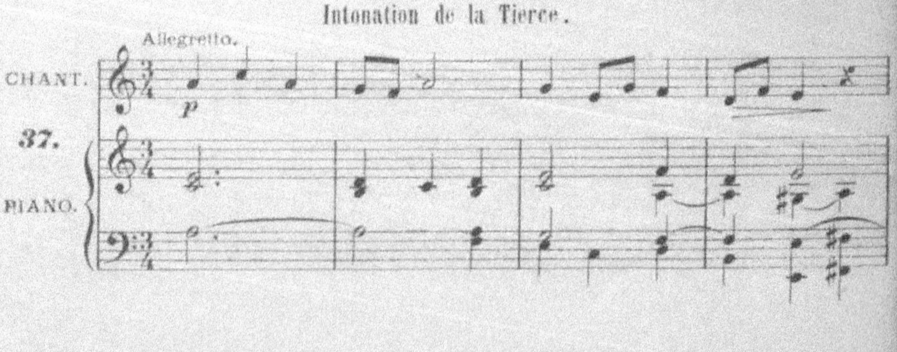

Allegretto.

CHANT.

37.

PIANO.

p

mf
f
p
Intonation de la Quarte.
Allegro.
CHANT.
mf
p
38.
PIANO.
f
p

Intonation de la Quinte.
Andante.
CHANT.
39.
PIANO.
Intonation de la Sixte.
Moderato.
CHANT.
40.
PIANO.

Intonation de la Septième.
Allº non molto.
CHANT.
41.
PIANO.
mf
p
p
Intonation de l'Octave.
Moderato.
CHANT.
42.
PIANO.
mf
Largement.
f

Mesure simple à 2 temps.

Noires, Croches, Doubles-Croches, Soupirs & Demi-soupirs.

Intonations diverses.

Allegro.

CHANT.

45.

PIANO.

f

p

mf

f

All° moderato.

CHANT.

46.

PIANO.

mf

p

Noires, Croches, Doubles-croches, Triolets, Soupirs & Demi-soupirs.

Moderato.
CHANT.
49.
PIANO.
All° moderato.
CHANT.
50.
PIANO.

Mesure simple à 4 temps.

Blanches, Noires, Croches, Doubles-croches,
Demi-pauses & Soupirs.

Très retenu.
Modto molto.
CHANT.
53.
PIANO.
p
mf
f
pp

All° deciso.
CHANT.
54.
PIANO.

Blanches, Noires, Croches, Doubles-croches, Triolets, Demi-pauses & Soupirs.

Moderato.
CHANT.
56.
PIANO.
And^te grave.
CHANT.
57.
PIANO.

Moderato.

HANT.

58.

PIANO.

$\frac{3}{4}$

Mesure simple à 3 temps.

Blanches, Noires, Croches, Doubles-croches,
Demi-pauses & Soupirs.

Allegro.
CHANT.
61.
PIANO.

Moderato.
CHANT.
62.
PIANO.
p

Blanches, Noires, Croches, Doubles-croches, Triolets, Soupirs & Demi-soupirs.

Allegretto.
CHANT.
64.
PIANO.
Rit.
Allegro.
CHANT.
65.
PIANO.

mf *f*

Andante

CHANT. *mf* *p*

66.

PIANO.

mf *p*

mf *p*

2e Série.

Altérations accidentelles.

Le Point. — La Syncope. — Le Contretemps. — Le Sextolet. — Liaisons. — Le Pointé. — Accents.

Le DIÈZE.

Allegro.
CHANT.
68.
PIANO.
Andte molto.
CHANT.
69.
PIANO.

Le BÉMOL.

p
mf
p
mf
Allegro.
CHANT.
72.
Bien lourd.
PIANO.
f

Demi-ton chromatique. (dièze, bémol, bécarre.)

Andante.

CHANT.

75.

PIANO.

Le POINT.

All? moderato.
CHANT.
76.
PIANO.
p
mf
pp
p
Très retenu.
pp
All? deciso.
CHANT.
77.
PIANO.
f

All° moderato.
CHANT.
78.
PIANO.

La SYNCOPE.

Andantino.
CHANT.
81.
PIANO.

Le CONTRE-TEMPS.

Allegretto.
HANT.
84.
PIANO.

Le SEXTOLET.

Andantino.
CHANT.
87.
PIANO.

LIAISONS. (liaison ou coulé.)

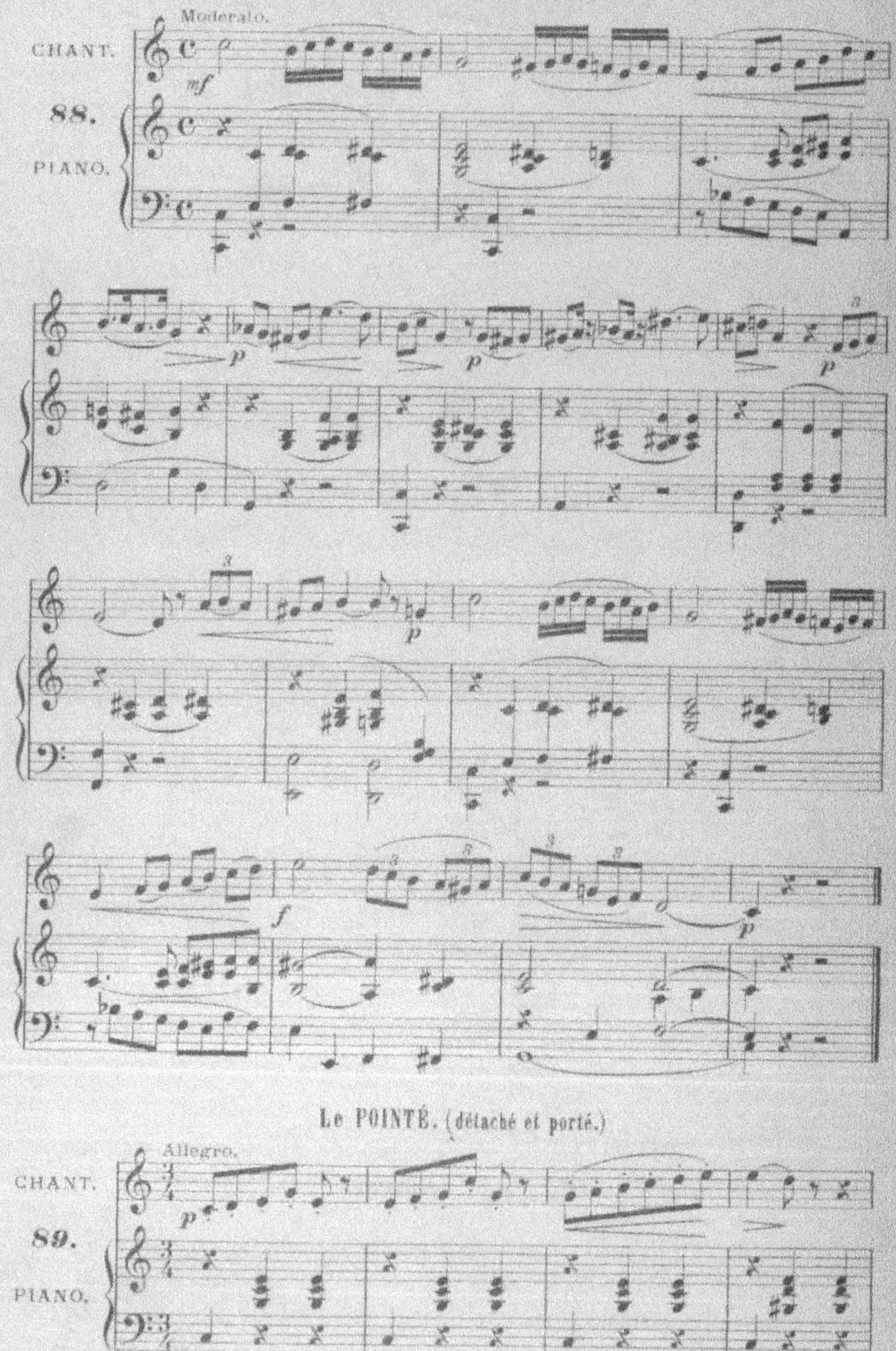

ACCENTS. (> ∧)
Allegretto.
CHANT.
90.
PIANO.

MÉDAILLE D'OR à l'Exposition Universelle de Paris 1878. — DIPLÔMES D'HONNEUR à Amsterdam, Londres et Anvers

Paris, en vente AU MÉNESTREL, 2bis, rue Vivienne, HEUGEL et Cie, Éditeurs

SOLFÈGES DU CONSERVATOIRE

PAR

CHERUBINI, CATEL, GOSSEC, MÉHUL, LANGLÉ, ETC

NOUVELLE ÉDITION

[illegible]

PAR EDOUARD BATISTE

[illegible]

1er LIVRE — INTRODUCTION AUX SOLFÈGES DU CONSERVATOIRE

PETIT SOLFÈGE MÉLODIQUE, THÉORIQUE ET PRATIQUE

Par EDOUARD BATISTE

[illegible]

SOLFÈGES DU CONSERVATOIRE par CHERUBINI, CATEL, MÉHUL, GOSSEC, LANGLÉ, etc., avec accompt de Piano ou Orgue par Édouard BATISTE

2e LIVRE — EXERCICES ET LEÇONS — [illegible]

3e LIVRE — SOLFÈGES PROGRESSIFS — [illegible]

4e LIVRE — SOLFÈGES D'ARTISTE — [illegible]

5e LIVRE — SOLFÈGES D'ENSEMBLE — [illegible]

6e LIVRE — LEÇONS ET SOLFÈGES — [illegible]

SOLFÈGES DE CHERUBINI — [illegible]

8e LIVRE — SOLFÈGES POUR BASSE — [illegible]

10e LIVRE — SOLFÈGES DE CHERUBINI — [illegible]

SOLFÈGES D'ITALIE — [illegible] ÉD. BATISTE [illegible]

INTRODUCTION AUX GRANDS SOLFÈGES D'ENSEMBLE ET AUX TRAITÉS D'HARMONIE DU CONSERVATOIRE

PETIT SOLFÈGE HARMONIQUE EN TROIS LIVRES, PAR ÉD. BATISTE

1er LIVRE — [illegible]

2e LIVRE — [illegible]

3e LIVRE — [illegible]

ÉDITION PANTHÉON, SOLFÈGE RODOLPHE, avec accompagnement de Piano ou Orgue, par ÉD. BATISTE. [illegible]

SOLFÈGES SUR TOUTES LES CLEFS ET A CHANGEMENTS DE CLEF

ÉD. BATISTE. — [illegible]

AMBROISE THOMAS. — [illegible]

[illegible]

GRANDE MÉTHODE DE CHANT DU CONSERVATOIRE

[illegible]

Par CHERUBINI, GARAT, GOSSEC, MÉHUL, MENGOZZI, PLANTADE, etc. — En deux volumes in-8°, chacun, net : 12 fr.

MÉTHODES DE CHANT ET VOCALISES

CINTI-DAMOREAU. — [illegible]

G. DUPREZ. — [illegible]

J. FAURE. — [illegible]

MANUEL GARCIA. — [illegible]

M.-C. MARCHESI. — [illegible]

PAULINE VIARDOT. — [illegible]

[illegible]

www.ingramcontent.com/pod-product-compliance
Ingram Content Group UK Ltd.
Pitfield, Milton Keynes, MK11 3LW, UK
UKHW020956180726
13838UKWH00003B/1355

9 782329 234250